Aus diesem Buch singt

Ingeborg Härtel / Monika Mogel
Weihnachtszeit in der Familie

Autoren: Ingeborg Härtel, Dr. Monika Mogel
Herausgeber: Steirisches Volksliedwerk
beim Amt der Steiermärkischen Landesregierung
Fotos: Archiv des Steirischen Volksliedwerkes, Mag. Eva Payer,
Familien Härtel und Mogel
Notensatz: Mag. Monika Kornberger
Tontechnik: Erich Neuwirther
Wir danken Markus Pechmann für die Trompetenstimme beim Lied
„Hiaz is da rauhe Winter då"
und Volker Derschmidt für die Nusstrommel-Idee

ISBN 3-7059-0139-7
1. Auflage 2001
© Copyright by Steirisches Volksliedwerk
Herstellung: Herbert Weishaupt Verlag, A-8342 Gnas,
Tel: 03151–8487, Fax: 03151-84874.
e-mail: verlag@weishaupt.at
e-bookshop: www.weishaupt.at
Sämtliche Rechte der Verbreitung – in jeglicher Form und Technik –
sind vorbehalten.
Druck und Bindung: Druckerei Theiss GmbH, A-9400 Wolfsberg.
Printed in Austria.

Ingeborg Härtel / Monika Mogel

Weihnachtszeit
in der Familie

Lieder, Sprüche, Rätsel

Buch und CD
herausgegeben vom Steirischen Volksliedwerk

Weishaupt Verlag

Zum Anfang
für die Eltern

Meist haben die Menschen eine ganz genaue Vorstellung davon: Weihnachtsliedersingen in der Familie müsse eine durch und durch friedliche Sache sein, eine Sternstunde der begabten Kleinen, ein Adventabend mit besonderem Zauber – wie er im Bilderbuche steht.

Die Wirklichkeit ist anders, denn die Adventzeit ist nicht von vornherein geballte Besinnlichkeit. Ohne Mühe gibt es keine Musik, ohne Geduld und Ausdauer keine schönen Augenblicke. Die kommen nämlich nicht auf Knopfdruck, sie bedürfen der Inszenierung, besser: der behutsamen Anbahnung. Jedwede Bereitschaft aber zum Vorlesen, zum Singen und Zusammenrücken ist ein Schritt in Richtung Weihnachten. Der Streit um den allerletzten Bratapfel, die umgefallene Kerze und die angenagte Flöte – das ist eben die Begleitmusik jeder Familienmusik.

Wer jemals Gelegenheit hatte, mit Kindern Weihnachtslieder zu singen, dem wird auch aufgefallen sein, dass es in der Fülle der Weihnachts-CD-Produktionen keine Ausgabe gibt, die nur annähernd jene Klänge wiedergibt, die im Familienkreis entstehen. Ist der Originalklang musizierender, singender Kinder und deren Eltern dem Hörgenuss abträglich?

Einen Versuch ist es wert, dachten sich die beiden Familien und nahmen sich vor, dieses

Beispiel lustvoller musikalischer Vorweihnachts-Wirklichkeit als CD herauszubringen, die Lieder und Texte zum Nachmachen gleich in Buchform mitzuliefern. Vielleicht bekommen andere Familien Lust, ihre Instrumente wieder zu verwenden, das Singen wieder zur Hausmannskost zu machen?

Das Buch bietet viele Anregungen, die Tonbeispiele animieren zum Mitmachen. Da genügt es, wenn der CD-Player beim Spielen mit den Bausteinen einfach mitläuft, denn Kinder lernen vor allem durch die Wiederholung. Wenn sie noch dazu das Gefühl haben, auf einer Stufe mit den Interpreten zu stehen, ist es umso wirkungsvoller. Deshalb singen hier Kinder für Kinder …

Mit diesem Buch – samt Tonproduktion – festigt das Steirische Volksliedwerk aber auch sein deutliches Bekenntnis zur tönenden Wirklichkeit, zum Singen „wie uns der Schnabel gewachsen ist". Das wird in Zeiten der Klangoptimierung zwar verwundern, mag die vielen Weihnachtslieder-Tonträger „im Konzertton" beinahe in Frage stellen. Dem eigentlichen Sinn von Singen in der Familie kommen wir damit aber um einiges näher, denn Weihnachtslieder sind ja ein Teil des alljährlich wiederkehrenden Rituals, dienen zuallererst der eigenen Festabfolge. Dieses Handanlegen, das Einbeziehen der ganzen Familie – mit all ihren musikalischen Stärken und Schwächen – macht Weihnachten aus.

Die beiden Familien und der Herausgeber, sie alle hoffen, dass diese Botschaft vom Glück der selbst gemachten Weihnachtsmusik in anderen Familien gerne angenommen wird.

Hermann Härtel

Inhalt

	Buchseite	CD/Nr.
Zum Anfang für die Eltern	4	
Adventspruch	8	1
Wir sagen euch an den lieben Advent	9	2
Knackt die Schale	11	3
Kramperlspruch	12	4
Heiliger Nikolaus	13	4
Hiaz is der rauhe Winter då	14	5
Erstes Rätsel	16	6
Zweites Rätsel	17	7
Es håt sich hålt eröffnet	18	8
Drittes Rätsel	20	9
Viertes Rätsel	21	10
Leise rieselt der Schnee	23	11
Und so entsteht ein knuspriger Bratapfel	24	12
Alle Jahre wieder	26	13
Fünftes Rätsel	27	14
Komm, wir gehn nach Bethlehem	28	15
Hirten-Fingerspruch	30	16
Das allerkleinste Lamm	32	17
Englein-Fingerspruch	34	18
Ihr Kinderlein kommet	36	19
Nusstrommel-Bastelanleitung	38	
Stille Nacht, heilige Nacht	40	20
O Jubel, o Freud	42	21
Hirtenweise	45	22
Still, still, still	46	23
O du fröhliche	48	24
Es wird scho glei dumpa	50	25
Frisch und g'sund	52	26
O Josef, schau, schau	54	27
Rätsellösungen	56	
Worterklärungen	59	
Es singen und spielen	60	
Quellen	62	

Advent, Advent, a Liachterl brennt,
zerst eins, dann zwei,
dann drei, dann vier,
dann steht das Christkindl vor der Tür.

Wir sagen euch an den lieben Advent

1. Wir sagen euch an den lieben Advent.
   Sehet, die erste Kerze brennt.
   Wir sagen euch an eine heilige Zeit.
   Machet dem Herrn die Wege bereit.
   Refrain: Freut euch, ihr Christen, freuet euch sehr! Schon ist nahe der Herr.

2. Wir sagen euch an den lieben Advent.
   Sehet, die zweite Kerze brennt.
   So nehmet euch eins um das andere an,
   wie auch der Herr an uns getan.

3. Wir sagen euch an den lieben Advent.
   Sehet, die dritte Kerze brennt.
   Nun tragt eurer Güte hellen Schein
   weit in die dunkle Welt hinein.

4. Wir sagen euch an den lieben Advent.
   Sehet, die vierte Kerze brennt.
   Gott selber wird kommen, er zögert nicht.
   Auf, auf, ihr Herzen, und werdet licht.

Knackt die Schale, springt der Kern,
Weihnachtsnüsse ess ich gern,
komm geschwind in unser Haus,
lieber, guter Nikolaus!

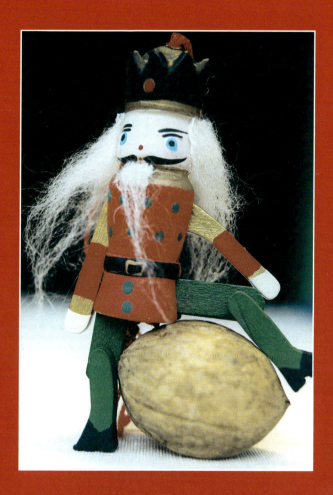

Kramperl, Kramperl, Besnstiel,
betn kånn i eh net viel,
wås i betn kånn,
geht di går nix ån.

Heiliger Nikolaus

2. Håst in dein' Sackerl drinn Apferl und Kern,
   |: viel Nussn und Feign, mei, dås håb i gern! :|

3. Såg zu dein' Kramperl glei, bin no so kloa,
   |: er derf mi hålt går net in d' Kraxn einitoan! :|

2. Mei, wås soll des bedeutn, dåß s' heit um Mitternåcht
   mit da Sturmglockn läutn, håt a Engl a Botschåft bråcht.
   Messias soll geboren sein, kommt aus dem Paradeis,
   sei Muatter soll a Jungfrau sein, dös war amål wås Neus.

3. Viel Glück, meine Hirtn, seids munter und seids wåcht,
   ihr derfts enk jå net fürchtn, wånn 's glei ist Mitternåcht.
   Ihr håbts jå vernommen die englische Stimm,
   stehts auf und gehts eilends nåch Bethlehem hin.

4. Bua Riapl, steh fein lifti auf und nimm an lången Såck
   und fåß ihn voll mit Federn ån, dåß 's Kind an Polster håt;
   dås Hascherl möcht derfriasn, liegt auf dem sauern Heu,
   koa Gwanderl und koa Wiagerl, dås is a Bettlerei.

5. Bua Hansl, måch di nur gschwind auf und nimm den Hirtenståb
   und suach da gschwind zwoa Lamperl aus, dåß du an Opfer håst;
   a Loaberl Kas und Butter, dazua a Gerschtnbrot,
   dås måg dås Kind net beißn, weil 's koane Zahnderl håt.

6. Und wånn i amål sollt reicher werdn, åft werd i wieder kemm,
   åft werd i dir a Ganserl bring, is besser wiar a Henn.
   O Jesu, liebster Jesu mein, veråcht nicht meine Gåb!
   I hätt dir gern wås Bessers bråcht, du woaßt, dåß i nix håb.

Wås is des?
Er måg koa Bliamerl, måg koa Gråas,
er måg koan Schmetterling,
er leid's net, dåss a Vogerl wo
im Sunnschein lustig sing.
Wås is des?

Wer hängt
an der Dåchrinn
und weint,
wånn die liebe
Sonne scheint?

Es håt sich hålt eröffnet

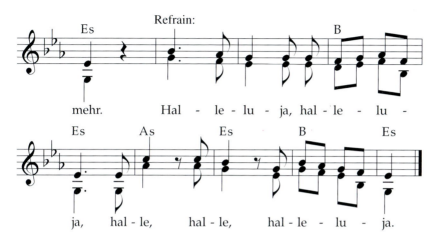

mehr. Hal - le - lu - ja, hal - le - lu - ja, hal - le, hal - le, hal - le - lu - ja.

2. Jetzt håb ma hålt dås himmlische Gwammel erblickt;
   es håt uns Gott Våter an Botn zuagschickt:
   Wir sollten uns vereinen zum Kindlein auf die Roas,
   verlåssn unsre Öchslan, die Kälber und die Goaß,
   verlåssn unsre Öchslan, die Kälber und die Goaß.
   Halleluja ...

3. Åft san ma nåcher gången, i und du a,
   kerzengråd nåch Bethlehem, juchheißa, hopsassa.
   Seppele, du Schlanggele, nimm du dei gmöstes Lampele,
   und Michl, du a Henn, und Jost, du an Håhn,
   und i nimm mei foasts Fakkele und renn damit davon.
   Halleluja ...

4. Geh, Veitl, mir wulln die Gscheitern hålt sein!
   Wir betn 's Kindlan ån im Ochsenkrippelein.
   Biabale, wås mågst denn håbn, mågst eppa dechta unsre Gåbn?
   Mågst Äpfl oder Birn, oder Nussn oder Kas,
   wüllst Zwötschgen oder Pflaumen oder sist a sölles Gfraß?
   Halleluja ...

Und wås is des?
Im Häuserl mit fünf Stüberl,
då wohnen braune Biaberl,
koa Tür und koa Tor führn ein und aus,
wer sie besuacht, verzehrt dås Haus.
Wås is des?

Wås kånn des sein?
Zerst is grean und nåchher braun,
vorm Essn muasst aufihaun.
Wås kånn des sein?

Leise rieselt der Schnee

2. In den Herzen wird 's warm,
   still schweigt Kummer und Harm.
   Sorge des Lebens verhallt,
   freue dich: 's Christkind kommt bald!

3. Bald ist Heilige Nacht,
   Chor der Engel erwacht,
   hört nur, wie lieblich es schallt,
   freue dich: 's Christkind kommt bald!

Und so entsteht ein knuspriger Bratapfel ...

Mit dem Apfelstecher müssen wir das Kerngehäuse entfernen, sodann eine Bratrein ausbuttern und die Äpfel hineingeben. Schnell noch nachzählen: Für jedes Kind suchen wir einen schönen Apfel aus, ebenso für die Eltern. Der große Bruder wird sicher zwei Bratäpfel verschlingen! Die Äpfel füllen wir mit einem Löffel Marmelade, einer halben Walnuss, 4 Stück Rosinen und einer Prise Zimt. Butterflöckchen auf die Äpfel setzen, mit Honig beträufeln, Zimt darüber streuen und im vorgeheizten Rohr ungefähr eine halbe Stunde braten. Es ist lustig anzusehen, wie die Äpfeln zu schwitzen beginnen – und es duftet herrlich. Nun nehmen wir sie aus dem Rohr und rufen:

„Kinder, kommt und ratet,
was im Ofen bratet!
Hört, wie's knallt und zischt.
Bald wird aufgetischt,
der Zipfel, der Zapfel,
der Kipfel, der Kapfel,
der gelbrote Apfel!

Kinder, lauft schneller,
holt euch einen Teller,
holt euch eine Gabel,
sperrt auf den Schnabel,
für den Zipfel, den Zapfel,
den Kipfel, den Kapfel,
den goldbraunen Apfel!

Sie pusten und prusten,
sie gucken und schlucken,
sie schnalzen und schmecken,
sie lecken und schlecken
den Zipfel, den Zapfel,
den Kipfel, den Kapfel,"
den knusprigen Apfel!"

Nun richten wir die Äpfel an und übergießen sie mit Vanillesauce oder heißer Milch. Schmatzen ist beim Genuss von Bratäpfeln ausdrücklich erlaubt!

Alle Jahre wieder

1. Alle Jahre wieder
kommt das Christuskind
auf die Erde nieder,
wo wir Menschen sind.

2. Kehrt mit seinem Segen
ein in jedes Haus,
geht auf allen Wegen
mit uns ein und aus.

3. Ist auch mir zur Seite,
still und unerkannt,
daß es treu mich leite
an der lieben Hand.

Wås is des?
I kenn a Bamerl
fein und zårt,
des trågt Früchte seltener Årt,
es funkelt und leuchtet im hellen Schein
weit in die Winternåcht hinein.
Des sehn die Kinder und gfrein sich sehr
und essn vom Bamerl und måchn's leer.
Wås is des?

Komm, wir gehn nach Bethlehem

1. Komm, wir gehn nach Beth - le - hem,

di - dl du - dl, di - dl du - dl, di - dl du - dl dei!

Refrain:

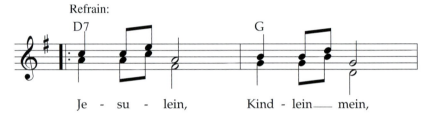

Je - su - lein, Kind - lein — mein,

wie - gen wolln wir dich gar fein. dich gar fein.

2. Uta nimm die Flöte mit, didl dudl didl dudl dei!
   Jesulein, Kindlein mein, wiegen wolln wir dich gar fein.

3. Vinzenz spielt die Posaune heut, didl dudl didl dudl dei!
   Jesulein, Kindlein mein, wiegen wolln wir dich gar fein.

4. Gerhild zupft die Harfe zart, didl dudl didl dudl dei!
   Jesulein, Kindlein mein, wiegen wolln wir dich gar fein.

5. Sigrun streicht die Geige gschwind, didl dudl didl dudl dei!
   Jesulein, Kindlein mein, wiegen wolln wir dich gar fein.

6. Hiasi kånn dås Löffelspiel, didl dudl didl dudl dei!
   Jesulein, Kindlein mein, wiegen wolln wir dich gar fein.

7. Hermann blåst dås Saxophon, didl dudl didl dudl dei!
   Jesulein, Kindlein mein, wiegen wolln wir dich gar fein.

8. Linde spielt dås Cello gut, didl dudl didl dudl dei!
   Jesulein, Kindlein mein, wiegen wolln wir dich gar fein.

9. Resl pfeift in d'Schwegel rein, didl dudl didl dudl dei!
   Jesulein, Kindlein mein, wiegen wolln wir dich gar fein.

10. Påckt's die Instrumente ein, didl dudl didl dudl dei!
    Jesulein, Kindlein mein, båld scho werd ma bei dir sein!

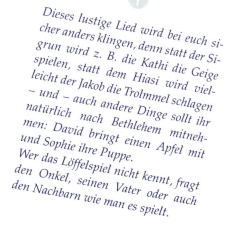

Dieses lustige Lied wird bei euch sicher anders klingen, denn statt der Sigrun wird z. B. die Kathi die Geige spielen, statt dem Hiasi wird vielleicht der Jakob die Trolmmel schlagen – und – auch andere Dinge sollt ihr natürlich nach Bethlehem mitnehmen: David bringt einen Apfel mit und Sophie ihre Puppe.
Wer das Löffelspiel nicht kennt, fragt den Onkel, seinen Vater oder auch den Nachbarn wie man es spielt.

Fingerspruch

Dås san die fünf Hirten:

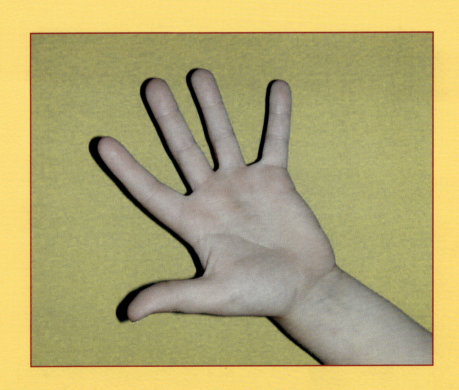

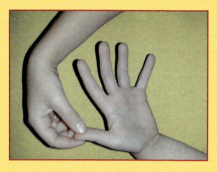
... der hiat die Kiah,

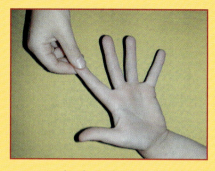
... der hiat die Butsch,

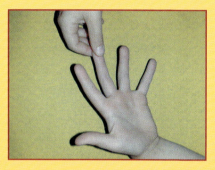
... der hiat die Goaß,

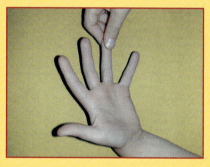
... der hiat die Schåf,

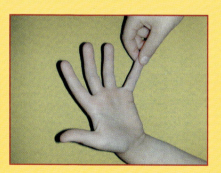
und der kloane Wutzi Putzi
liegt faul im Grås und schlåft.

Das allerkleinste Lamm

2. Dort stand der Stern mit frohem Schein.
   Die Hirten eilten querfeldein
   und hintendrein, hintendrein, hintendrein, hintendrein
   lief das allerkleinste Lamm.

3. Die Hirten traten durch die Tür,
   sie wagten kaum zu atmen schier
   und hintendrein, hintendrein, hintendrein, hintendrein
   lief das allerkleinste Lamm.

Fingerspruch

Fünf Englein haben gesungen,
fünf Englein kamen gesprungen:

... das Erste macht's Feuer an,

... das Zweite stellt's Häferl dran,

… das Dritte gibt's
Teigerl rein,

… das Vierte gibt den
Zucker drein,

… das Fünfte sagt: 's ist angericht' –
und so, mein Biaberl, brenn dich nicht!

Ihr Kinderlein, kommet

1. Ihr Kinderlein, kommet, o kommet doch all,
kommet doch all, und seht, was in
zur Krippe her kommet in Bethlehems Stall
dieser hochheiligen Nacht, der
Vater im Himmel für Freude uns macht!

Matthias spielt bei diesem Lied die Nusstrommel. Seid ihr neugierig, wie so eine Nusstrommel entsteht? Auf der Seite 38 findet ihr …

2. O seht, in der Krippe im nächtlichen Stall,
   seht hier bei des Lichtes hellglänzendem Strahl
   in ärmlichen Windeln das himmlische Kind,
   viel schöner und reiner, als Engel es sind!

3. Da liegt es, das Kindlein, auf Heu und auf Stroh,
   Maria und Josef betrachten es froh.
   Die redlichen Hirten knien betend davor,
   hoch droben schwebt jubelnd der Engelein Chor.

4. O beugt wie die Hirten anbetend die Knie,
   erhebet die Hände und danket wie sie,
   stimmt freudig, ihr Kinder – wer sollt sich nicht freun? –
   stimmt freudig zum Jubel der Engel mit ein.

Die Nusstrommel
Eine Anleitung zum Selberbauen

Wir bitten den Großvater, die Schwester, den Bruder oder den Vater, uns zu helfen.

Wir brauchen:
Nüsse
eine kleine Säge (Pucksäge),
ein Kombizangerl,
einen reißfesten Zwirn,
einen Span aus Fichte,
Lärche, Haselnuss …
oder einen Zahnstocher,
ein Messer und
für alle Fälle ein Pflaster
aus der Hausapotheke.

Zuerst halbieren wir die Nüsse vorsichtig und höhlen sie aus.

Mit der Säge oder einem Messer sägen oder schneiden wir am breiteren Nussende – ca. 4 mm tief und breit – zweimal ein und brechen das Stück mit dem Zangerl heraus.

Seitlich machen wir kleine Kerben und umwickeln die Schale ein paarmal mit dem Zwirn, welcher in den Kerben Halt findet, und machen einen Knopf.

Nun schnitzen wir aus dem Span ein Ruder oder nehmen den Zahnstocher und fädeln ihn durch und spannen durch Zwirbeln, bis es fast knackst.

Spielanleitung:

Die Nusstrommel in die linke Hand zwischen Zeigefinger und Daumen nehmen, den rechten Daumen unten an die Nuss legen (dort, wo der Knopf des umwickelten Zwirns ist) und mit den restlichen vier Fingern der rechten Hand (einer nach dem anderen in schneller Folge) über das Ruder streifen. Das Spielen der Nusstrommel braucht etwas Übung, aber es ist sehr, sehr lustig, sich selbst beim Singen damit zu begleiten.

Du hörst die Nusstrommel beim Lied „Ihr Kinderlein kommet" auf der CD (Nr. 19).

Stille Nacht, heilige Nacht

2. Stille Nacht, heilige Nacht!
   Gottes Sohn, o wie lacht
   Lieb aus deinem göttlichen Mund,
   da uns schlägt die rettende Stund,
   Jesus in deiner Geburt,
   Jesus in deiner Geburt!

3. Stille Nacht, heilige Nacht!
   Hirten erst kundgemacht
   durch der Engel Alleluja,
   tönt es laut von ferne und nah:
   Jesus, der Retter ist da,
   Jesus, der Retter ist da!

„Stille Nacht" ist das bekannteste aller Weihnachtslieder und wird meist respektvoll für den Heiligen Abend aufgehoben. Wir empfehlen, es in der Adventzeit mehrmals mit den Kindern zu singen, damit es am 24. Dezember besonders gut klingt.

O Jubel, o Freud

1. O— Ju - bel, o— Freud,— glück - se - li - ge Zeit! Ein— Kind - lein ge - bo - ren, aus— tau - send er - ko - ren, o— Ju - bel o— Freud,— glück - se - li - ge Zeit.

2. Ihr Hirten, wohlauf,
   nach Bethlehem lauft!
   Die Pfeifen laßt hören,
   die Freud zu vermehren,
   und blast nur brav drein,
   das Kindl wird 's freun.

3. Ist das nicht ein Spott,
   der so große Gott,
   der uns hat erschaffen,
   beim Vieh tut er schlafen.
   Ist Mensch und auch Gott,
   ist das nicht ein Spott.

4. Wir bitten dich schön,
   o liebs Jesulein,
   tu uns Gnade verleihen,
   die Sünden verzeihen;
   und gib uns alsdann
   den Himmel zum Lohn.

Hirtenweise

Still, still, still, weil 's Kindlein schlafen will

1. Still, still, still, weil 's Kindlein schlafen will! will! Maria tuat es niedersingen, ihre große Liab darbringen.

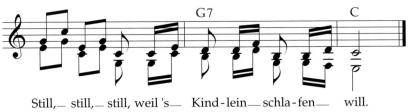

Still, still, still, weil 's Kindlein schlafen will.

2. |: Schlåf, schlåf, schlåf, mei liabes Kindlein, schlåf! :|
   Die Engerl tuan schön musizieren,
   bei dem Kindlein jubilieren.
   Schlåf, schlåf, schlåf, mein liabes Kindlein, schlåf!

3. |: Groß, groß, groß, die Liab is übergroß! :|
   Gott hat den Himmelssaal verlåssn
   und will reisen unser Stråßn.
   Groß, groß, groß, die Liab is übergroß!

O du fröhliche

2. O du fröhliche ...
   Christ ist erschienen,
   uns zu versühnen.
   Freue, freue dich,
   o Christenheit!

3. O du fröhliche ...
   Himmlische Heere
   jauchzen dir Ehre.
   Freue, freue dich,
   o Christenheit!

Es wird scho glei dumpa

1. Es wird scho glei dum - pa, es wird scho glei
drum kimm i zu dir— her, mei Hei-lånd, auf

Nåcht, Will sin - gen a Lia - dl dem
d' Wåcht.

Lieb - ling, dem kloan, du mågst jå net schlå - fn,

Refrain:

i hör di nur woan. Hei— hei, hei—

hei! Schlåf— süaß, herz - liabs— Kind!

2. Vergiß hiaz, o Kinderl, dein Kummer, dei Load,
   dåß d' dåda muaßt schlåfn im Ståll auf da Hoad.
   Es ziern jå die Engerl dei Liegerstått aus.
   Möcht schöna nit sein drin an König sei Haus.
   Hei ...

3. Jå Kinderl, du bist hålt im Kripperl so schen,
   mi ziemt, i kånn nimmer då weg von dir gehn.
   I wünsch dir von Herzen die süaßeste Ruah,
   die Engerl vom Himmel, die deckn di zua.
   Hei ...

4. Måch zua deine Äugal in Ruah und in Fried
   und gib mir zum Åbschied dein Segn gråd mit!
   Åft werd jå mei Schlaferl a sorgenlos sein,
   åft kånn i mi ruahli aufs Niederlegn gfrein.
   Hei ...

Frisch und g'sund

Frisch und g'sund, frisch und g'sund
lång lebn und g'sund bleibn,
Christkind auf'n Hochåltår
wünscht viel Glück ins neue Jåhr,
nix klunzn, nix klågn
bis i wieder kumm schlågn.

Frisch und g'sund, frisch und g'sund,
s'gånze Jåhr pumperlg'sund
gern gebn, lång lebn,
glückselig sterbn,
Christkindl am Hochåltår
wünscht viel Glück zum neign Jåhr.

Am Tag der Unschuldigen Kinder (28. Dezember) ist in der Steiermark das Frisch-und-G'sund-Schlagen verbreitet. Die Erwachsenen werden von den Kindern mit Birken- oder Haselruten „geschlagen", dabei sagen die Kinder in jeder Gegend ihre besonderen Sprüche auf. Sie wünschen damit Gesundheit für das kommende Jahr.

O Josef, schau, schau

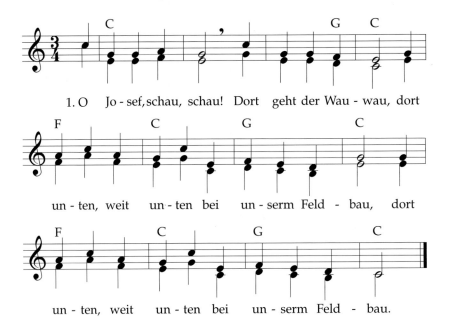

1. O Jo-sef, schau, schau! Dort geht der Wau-wau, dort un-ten, weit un-ten bei un-serm Feld-bau, dort un-ten, weit un-ten bei un-serm Feld-bau.

2. Drei mächtige Herrn! Wo werdn sie einkehrn?
   |: Dort unten, weit unten beim goldenen Stern. :|

3. "Ihr Herrn går gestreng, mei Ståll is ma z' eng,
   |: mein Ochs und mein Eserl, die leidn koa G'dräng." :|

4. Sie steigen vom Pferd, fålln nieder auf d' Erd,
   |: Gold, Weihrauch und Myrrhen dem Kind håbn s' verehrt. :|

Rätsellösungen

1. Rätsel (Seite 16): Der WINTER

2. Rätsel (Seite 17): Der EISZAPFEN

3. Rätsel (Seite 20): Der APFEL

4. Rätsel (Seite 21): Die NUSS

5. Rätsel (Seite 27): Der CHRISTBAUM

Worterklärungen

åft	dann
Brentlglockn	Almglocke, Sennerglocke
dechta	doch
derfriasn	erfrieren
dumpa	dunkel werden, dämmern
eppa	etwa
Fakkele	Ferkel, junges Schwein
foast	fett, dick, leibig
Gerschtnbrot	Brot, gebacken aus Gerstenmehl
Gfraß	minderwertiges Essen
gmöstes	gemästetes, gut gefüttert
Goaß	weibliche Ziege, Geiß,
Gwammel	Gewimmel
Hascherl	armes Kind
hiaz	jetzt
Hoad	Heide, Weide
Kas	Käse
Kramperl	Krampus
Kraxn	Rückentragekorb
Lampele	junges Schaf, Lamm
Loaberl	Laibchen
Load	Leid
Paradeis	Paradies
Reimfrost	Reif, wie er im Winter auf Zweigen etc. entsteht
Riapl	Rupert
Roas	Reise
ruahli	ruhig
sauern Heu	schlechtes Heu
Schlanggele	Schlingel, Spitzbub
sengt	(ver)sengen, stark reifen
sist	sonst
sölles	selbiges
Sturmglockn	Wetterglocke
Veitl	Veit
woan	weinen

Es singen und spielen ...

Uta Mogel

Gerhild Mogel

Vinzenz Härtel

Sigrun Mogel

Matthias Härtel

Dietlinde Härtel

Hermann Härtel jun.

Marie-Theres Härtel

... sowie deren Eltern Monika und Berno Mogel, Ingeborg und Hermann Härtel.

Quellen

ALLE JAHRE WIEDER
Dieses Lied entstand im Jahre 1837 in Deutschland. Den Text verfasste der Fabeldichter Wilhelm Hey (1789-1854), die Melodie stammt von Friedrich Silcher (1789–1860).

DAS ALLERKLEINSTE LAMM
Die Worte dieses Liedes stammen von Josef Guggenmos (geb. 1922), die Weise von Franz Koringer (1921–2000). Mit freundlicher Genehmigung von Frau Ilse Plasch.

ES HÅT SICH HÅLT ERÖFFNET
Die erste Strophe dieses Liedes zeichnete Karl Liebleitner im Jahre 1898 vom Druckereibesitzer Hans Mößmer in Wien auf. Erstmals veröffentlicht wurde es von Franz Friedrich Kohl in der Sammlung *Echte Tiroler Lieder* (Wien 1899). Die weiteren Strophen finden sich in der von Georg Kotek und Raimund Zoder herausgegebenen Sammlung *Stille Stunden*. Ebenso in: *Ein Österreichisches Liederbuch* (Wien 1950), niedergeschrieben von Georg Kotek in Bozen mit dem leicht abweichenden Beginn *Jetzt ist halt eröffnet*.

ES WIRD SCHO GLEI DUMPA
Dieses *Christkindl-Wiegenlied* wurde erstmals im vierstimmigen Satz und mit Begleitung von Flöte, Klarinetten, Geigen, Cello und Bass von Franz Friedrich Kohl und Josef Reiter in der Sammlung *Echte Tiroler Lieder* (Leipzig 1913) veröffentlicht. Kohl vermerkte dazu, dass ihm dieses Lied mit Angabe des Vorspiels und der Instrumentalbegleitung vom alten Sternsinger Eduard Strobl aus Hopfgarten mitgeteilt wurde. Viktor Zack hat es von Kohl übernommen, 1918 in *Alte Hirten- und Krippenlieder* publiziert und somit in der Steiermark heimisch gemacht. Heute ist es in ganz Österreich bekannt.

HEILIGER NIKOLAUS
Der Volksliedsammler Wastl Fanderl (1915–1991) aus Frasdorf in Bayern schrieb dieses Nikolauslied für seine Kinder. Siehe: Wastl Fanderl *Annamirl, Zuckerschnürl*, erschienen 1961 im Franz Ehrenwirth Verlag KG, München. Mit freundlicher Genehmigung von Frau Regina Fanderl.

HIAZ IS DER RAUHE WINTER DÅ
Dieses beliebte und weit verbreitete Hirtenlied wurde in der Steiermark mehrfach aufgezeichnet. So verfügt das Steirische Volksliedarchiv über Aufzeichnungen von Viktor Zack und Viktor Geramb aus St. Peter ob Judenburg (1912) und aus der Karchau (1914) sowie von Romuald Pramberger aus St. Lambrecht (1916). Veröffentlicht wurde es bereits 1881 von Anton Schlossar *Deutsche Volkslieder aus Steiermark* sowie 1883 von Wilhelm Pailler *Weihnachtslieder aus Oberösterreich und Tirol*.

HIRTENWEISE
Nach einer Weihnachtshirtenweise aus Tirol. Entnommen aus Fritz Jöde, *Die Weihnachts-Nachtigall*, Heft 1.

IHR KINDERLEIN KOMMET
Den Text dieses Liedes schuf der katholische Theologe und Domherr Christoph von Schmid (1768–1854) aus Augsburg, die Melodie wurde 1794 vom Kopenhagener Hofkapellmeister Johann Abraham Peter Schulz (1747–1800), bekannter Komponist zahlreicher Lieder „im Volkston", nach einer Frühlingsweise komponiert. Zusammengefügt wurden Text und Melodie 1829 vom Lehrer und Organisten Friedrich Eickhoff aus Gütersloh.

KOMM, WIR GEHN NACH BETHLEHEM
Das *Lied zur Jahreswende* stammt aus Böhmen, belegt in der Sammlung Jan Seidel, L. Mazac Praha 1943. Hier finden Sie eine Variante dieses Liedes, zurechtgesungen von den Familien Härtel und Mogel.

LEISE RIESELT DER SCHNEE
Der deutsche Geistliche Eduard Ebel (1839–1905) schuf dieses Lied um 1900.

O DU FRÖHLICHE
Die Melodie dieses Liedes nach einem sizilianischen Schifferlied wurde von Johann Gottfried Herder (1744–1803) vor 1788 mitgeteilt. Der Text der ersten Strophe wurde 1819 vom Schriftsteller Johannes Daniel Falk (1768–1826) unterlegt, die beiden anderen Strophen wurden erst 1829 von Heinrich Holzschuher hinzugefügt. Das Lied wurde vor allem durch Schulliederbücher weit verbreitet.

O JOSEF, SCHAU, SCHAU
Der Text dieses Liedes wurde von Dr. Wolfgang Madjera aus der Gegend um Lilienfeld in der Märzausgabe der Zeitschrift *Das deutsche Volkslied*, 3. Jg., 1901, verbunden mit dem Aufruf, eine Melodie mitzuteilen, veröffentlicht. Bereits in der Maiausgabe finden wir das Lied mit einer vierten Strophe, eingesandt von Frau Agnes Stock aus Altlassing in der Steiermark.

O JUBEL, O FREUD
Dieses Lied wurde erstmals in einem Liedflugblatt um 1740 publiziert. Im Steirischen Volksliedarchiv sind Varianten aus Kalwang (1889), Veitsch (1907) und St. Lambrecht (1916) erhalten. Weit verbreitet wurde es erst durch Lois Steiner, der es im Jahre 1935 in der Probst aufzeichnete und in der Publikationsreihe *Österreichisches Liederblatt* (1936) veröffentlichte. Einige Jahre später fand Steiner zur selben Melodie auch einen österlichen Text.

STILL, STILL, STILL
Dieses Lied findet sich in der Sammlung *Salzburgische Volkslieder* von Vinzenz Maria Süß (Salzburg 1865) sowie in *Echte Tiroler Lieder* von Franz Friedrich Kohl und Josef Reiter (Leipzig 1913). Das Steirische Volksliedarchiv verfügt über Aufzeichnungen aus Windischdorf bei Seckau, Möderbrugg, Schladming (1907) und Oppenberg/Rottenmann (1912).

STILLE NACHT, HEILIGE NACHT
Die Entstehung dieses weltberühmten, in zahlreiche Sprachen übersetzten Liedes schilderte der Komponist Franz Xaver Gruber (1787–1863) in seiner *Authentischen Veranlassung* vom 30. Dezember 1854: „Es war am 24t Dezember des Jahres 1818, als der damalige Hilfspriester an der St. Nikolaikirche zu Oberndorf (öst. Laufen) H. Josef Mohr, dem Lehrer und Organisten in Arnsdorf, Franz Gruber, welcher auch in St. Nikola den Organistendienst versah, ein Gedicht überreicht mit dem Ansuchen, eine passende Melodie, für 2 Solostimmen u. Chor, mit Guitarrebegleitung setzen zu wollen.
Der genannte Organist übergab noch am selben Abend diesem musikkundigen Geistlichen seine einfache Composition, u. da sie ihm gefiel, wurde dieselbe auch gleich in der Heiligen Nacht in der Kirche von dem geistl. H. Mohr (der ein guter Tenorist war) u. von dem Organisten Franz Gruber (Baß)) vorgetragen, und fand allgemeinen Beifall. Herr J. Mohr begleitete dasselbe mit der Guitarre."
Die Urfassung des Liedes, dessen Text von besagtem Hilfspriester Josef Mohr (1792–1848) stammt, entstand demnach für zwei Solostimmen und Chor mit Gitarrebegleitung, galt lange Zeit als verschollen und wurde erst 1995 in einer von Joseph Mohr erstellten Abschrift mit dem Titel *Weyhnachts-Lied* aus dem Privatbesitz einer Salzburger Familie der Öffentlichkeit präsentiert.
Die heute übliche Variante umfasst nur die Strophen 1, 2 und 6 des Originaltextes von Joseph Mohr in leicht veränderter Form, die Melodie wurde durch Weglassung einiger Verzierungen vereinfacht.

WIR SAGEN EUCH AN
Die Worte dieses Liedes stammen von Maria Ferschl, die Weise komponierte Heinrich Rohr, beides entstand im Jahre 1954. © Christophorus-Verlag Freiburg.

Steirisches Volksliedwerk
Herdergasse 3, A–8010 Graz
Tel: 0316/877 26 60
e-mail: buero@steirisches-volksliedwerk.at
www.steirisches-volksliedwerk.at

Weihnachtslieder selber singen ...

Für dieses Buch wurden aus der fast unüberschaubar großen Menge an Weihnachtsmusik an die siebzig Lieder ausgewählt, bekannte wie unbekanntere, allgemein verbreitete wie typisch steirische, manches zum Wiederholen und Auffrischen, einiges wohl auch zum Neulernen.

Hier finden sich Advent-, Verkündigungs- und Nikolauslieder ebenso wie Lieder zur Herbergsuche und zur Geburt Christi; ein großer Teil ist den alpenländischen Engel-, Hirten- und Krippenliedern gewidmet. Daneben finden sich Wiegen-, Neujahrs- und Dreikönigs- wie auch Lichtmesslieder. Somit kann das gesamte Weihnachtsgeschehen in Liedern zum Ausdruck gebracht werden.

Singen im Wirtshaus

Seit alters her sind Wirtshäuser Zentren des gesellschaftlichen Lebens. Ist der Hunger erst gestillt, der Durst fürs erste gelöscht, werden sie zu Stätten der Begegnung – zu einer Art erweitertem Wohnzimmer. Man kommt ins Gespräch, trifft Freunde, Nachbarn und Bekannte, die Unterhaltung nimmt ihren Lauf. Jetzt ist das Feld bereitet – die Stunden der Lieder, Geschichten und Erzählungen sind gekommen. Nur schade, wenn diese aufkeimende Lust am Selbersingen, diese überschwängliche Freude am Gestalterischen durch einen Mangel an Textkenntnissen gebremst wird! Das neue Wirtshausliederbuch hilft auf die Sprünge. Es beinhaltet die wichtigsten Lieder und Jodler, die man zwischen Stammtisch und Schank benötigt. Das Steirische Volksliedwerk verwandelt damit jedes Wirtshaus in ein Kulturhaus, denn: Kultur ist: selber singen ...

Jäger- und Almlieder in der Steiermark

Weidwerkstatt – Kulturerlebnis Jagd

Das Almleben und das Jagern, der Jäger, der Wildschütz und die Sennerin sind viel und gerne besungene Themen unserer Volkslieder. Die Landesjägerschaft, der Almwirtschaftsverein und das Steirische Volksliedwerk haben die beliebtesten Jäger- und Almlieder in diesem Liederbuch zusammengefasst, damit wieder alle mitsingen können!